Dieses Malbuch gehört

....

Zeit für Dich - Malbuch

Hallo,
schön dass du da bist!

Herzlich Willkommen zu deiner kleinen Auszeit!

Dieses Buch schenkt dir Zeit – Zeit für dich! Entdecke, wie du beim Ausmalen innere Ruhe gewinnst und wie dich Farben und Formen dazu inspirieren, im Moment anzukommen.

Die Impulse auf der Rückseite der Illustrationen unterstützen dich dabei, Gedanken und Stress loszulassen und Leichtigkeit und Freude in dein Sein einzuladen.

Genieße diese Zeit – ganz für dich!

Sacred Bloom

"Malen ist Meditation in Bewegung."

Beim Malen geht es nicht um das perfekte Ergebnis, sondern um die Ruhe und Freude im Tun.

BONUS:

Du möchtest noch mehr Ausmal-Bilder?

Scanne den QR-Code und erhalte viele weitere Motive!

Ein kleines Dankeschön an dich, für noch mehr Entspannung & Spaß ♥.

SCAN HERE

Ein Leben ohne Freude,
ist wie eine lange Reise
ohne Gasthaus.

Demokrit

Jeder Tag
schenkt mir eine
neue Chance.

Kleine Schritte
führen auch ans Ziel.

In der Ruhe
liegt die Kraft.

Chinesisches Sprichwort

Ich entscheide bewusst,
worauf ich meine
Energie richte.

Welcome

Malen macht
die Seele weit.

Mein Atem
bringt mich zurück
zu mir.

Alles fließt.

Heraklit

Ein leerer Raum
ist voller Möglichkeiten.

Die Natur
ist die beste Apotheke.

Sebastian Kneipp

Ruhe ist kein
Stillstand, sondern
Kraft.

Vertrauen
wächst im Tun.

Das Glück
wohnt nicht im Besitz
und nicht im Gold.
Das Glück wohnt
in der Seele.

Ich darf
Neues ausprobieren.

Ich darf loslassen,
was mir
nicht guttut.

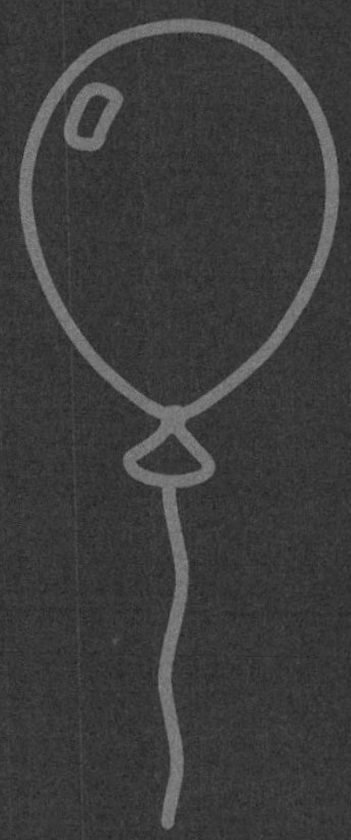

Heute
ist ein guter Tag,
um leicht zu sein.

In der Ruhe
finde ich Klarheit.

Ich bin sicher
und geborgen.

Frieden
breitet sich
in mir aus.

Jede Idee
ist ein Samen.

Kreativität
darf verspielt sein.

Die Seele
hat die Farbe
deiner Gedanken.

Ich darf
Schritt für Schritt
gehen.

Meine Hände erschaffen
etwas Schönes.

Ich erlaube mir,
Fehler als Freunde zu sehen.

Sanft ist auch stark.

Dankbarkeit
macht jeden Tag heller.

Kreativität
braucht keine Perfektion.

sacred bloom

Stille
ist Nahrung
für mein Herz.

Ich vertraue
dem Rhythmus meines
Lebens.

Die Seele
nährt sich an dem,
woran sie sich freut.

Ich darf mir
Pausen gönnen.

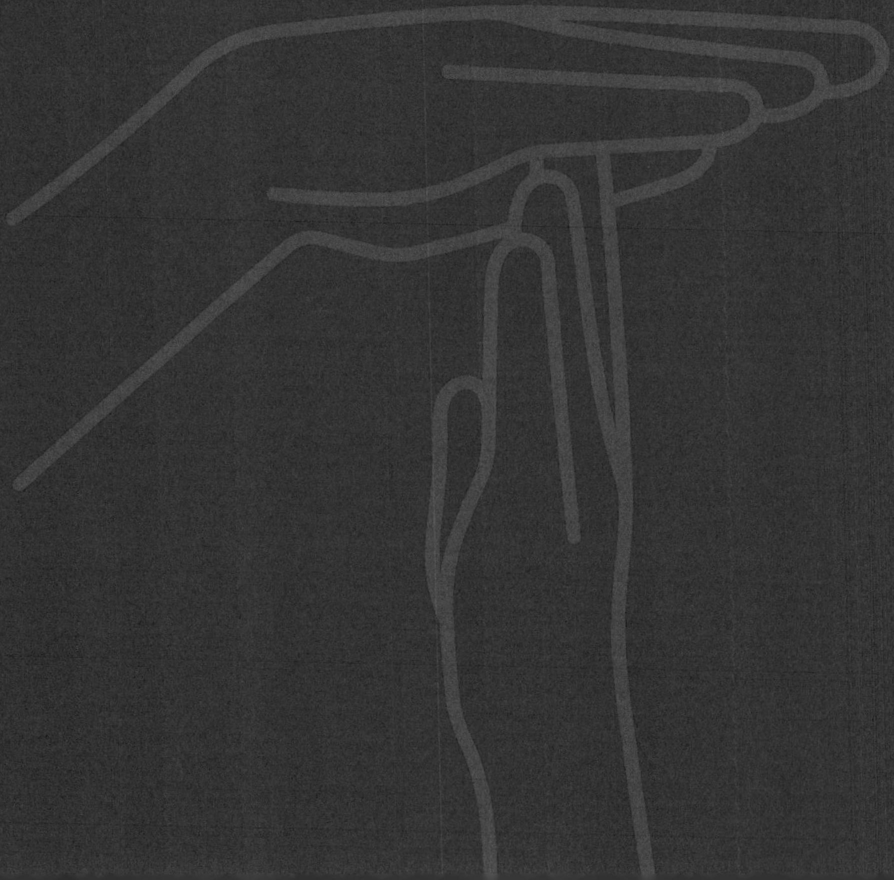

Ich bin verbunden
mit dem,
was mich trägt.

Freude ist
die beste Muse.

Einatmen - Ausatmen

Manchmal verändern ein paar bewusste Atemzüge alles.

Stärke ist ...

... deine Schwächen zuzugeben
ohne deine Stärke infrage
zu stellen.

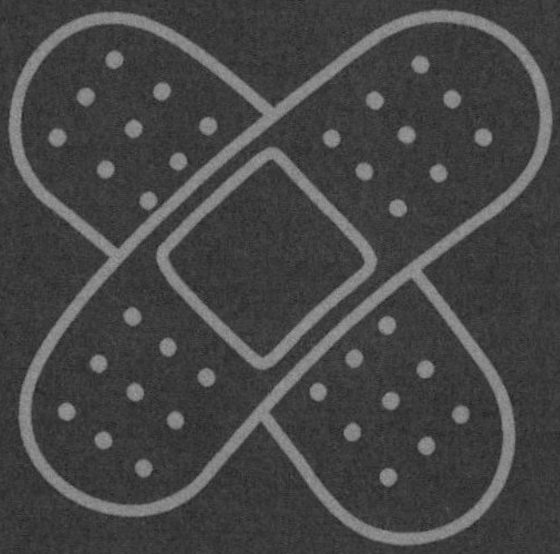

Sei freundlich -
jede/r
trägt eine Wunde in sich.

Manche Dinge
funktionieren nicht,
weil du Besseres
verdient hast.

In dem Moment
in dem dir bewusst wird,
dass du nicht bewusst bist,
bist du bewusst.

Allein sein bedeutet nicht
einsam zu sein

- vielmehr ist es eine
wunderbare Gelegenheit, deine
eigene Gegenwart zu genießen.

Wenn dich etwas überfordert
- teile es in kleine Schritte auf.

Du musst den Berg nicht
auf einmal bezwingen.

Ein Versuch

Probier' heute mal, eine unliebsame Sache in deinem Leben positiv zu sehen.

Und schau was passiert.

Zurück kannst du immer.

Wer den Tag
mit einem Lachen beginnt,
hat ihn bereits gewonnen.

Cicero

"Der unzufriedene Mensch
findet keinen
bequemen Stuhl."

Benjamin Franklin

Du bist dort,
wo deine Gedanken sind.
-
Sieh zu, dass
deine Gedanken da sind,
wo du sein möchtest.

Und schon ist dieses schöne Buch zu Ende ...

Du hast Lust auf mehr?
Dann kannst du hier weitere Motive downloaden.
Einfach QR-Code scannen:

SCAN HERE

Ich freu mich riesig, wenn dir meine mit Liebe entworfenen Ausmalbilder Freude und Entspannung schenken!

Alles Liebe, deine Lina

Impressum:

Lina Seefeld, vertreten durch:
AchtsamArt, Christine Fischer
Hauptstr. 27, 86923 Finning
E-Mail: info@achtsamart.de
ISBN: 9798268248593

Printed in Poland
by Amazon Fulfillment
Poland Sp. z o.o., Wrocław

57146758R00059